KORRUPTION

»Vanskeligheden ved at anmelde
de fine små bøger i Tænkepauser-
serien er, at man presses til
bestandigt at finde nye og
varierede ord for sin begejstring«

Henrik Dahl,
Weekendavisen

Se mere på www.tænkepauser.dk
Her finder du også gratis lydbøger og e-bøger

korruption

METTE
FRISK JENSEN

KORRUPTION
Tænkepauser 32
© Mette Frisk Jensen

Tilrettelægning og omslag: Camilla Jørgensen, Trefold
Forfatterfoto: Poul Ib Henriksen
Bogen er trykt hos Narayana Press, Gylling
Printed in Denmark 2015

ISBN 978 87 7124 410 6

Tænkepauser
– viden til hverdagen
af topforskere fra

AARHUS
UNIVERSITET

FAGFÆLLE-
BEDØMT

/ I henhold til ministerielle krav betyder bedømmelsen, at der fra en fagfælle på ph.d.-
niveau er foretaget en skriftlig vurdering, som godtgør denne bogs videnskabelige kvalitet.
/ In accordance with ministry requirements, the certification means that a ph.d.-level peer has made
a written assessment which justifies this book's scientific quality.

INDHOLD

DER ER NOGET GALT I DANMARK

ET MARERIDTSSCENARIE

Du befinder dig på en hospitalsstue. Din mor er indlagt med en livstruende kræftsygdom. Hun har akut behov for medicin, undersøgelse og pleje. Men alle sygeplejersker og læger stormer forbi stuen. Der er ingen hjælp at hente, uanset hvor meget du råber efter hjælp.

Efter mange forgæves forsøg får du endelig en læge i tale, som er villig til at opklare mysteriet: Lægerne og sygeplejerskerne arbejder ikke for den sølle løn, de får af staten. De rører kun en finger, hvis patienterne selv eller deres pårørende betaler forud ved kasse 1. Du må med andre ord have pungen op af lommen, hvis din mor skal have en chance for at overleve.

Det har du aldrig oplevet før i Danmark. Så vidt du husker, plejer politikerne at være enige om, at sundhedsvæsenet skal være gratis for alle landets borgere. Men nu blev du nødt til at betale en læge og to sygeplejersker ti tusind kroner i alt, for at din mor kunne få sin altafgørende kemobehandling.

Samme aften er du til forældremøde på dine børns skole. Her nægter dansklæreren at udlevere din søns karakterbog. Han påstår, at du mangler at betale et såkaldt udleveringsgebyr til skoleinspektøren. Over for dig gør han det klart, at din søn naturligvis ikke kan fortsætte på skolen, når karakterbøgerne ikke er afhentet og under- skrevet af forældrene. Du ved, at gebyret er ulovligt, men tør du sætte din søns fremtid over styr?

Hvad skal du gøre? Melde dansklæreren og skolein- spektøren til politiet?

Nu kommer din ægtefælle pludselig ind i billedet og husker dig på, at du ikke kan stole på politiet. Skoleinspek- tøren er den lokale politichefs bror, og det er velkendt, at de to bakker hinanden op over for besværlige borgere og forældre.

Desuden forlanger politiet altid en *særlig ydelse*, før det overhovedet overvejer, hvilke borgere der skal have hjælp. Uanset om man selv eller et familiemedlem er blevet over- faldet, voldtaget eller kidnappet.

Hvis sagen i øvrigt nogensinde nåede til domstolene, fortæller din ægtefælle, ville du heller ikke kunne stole på, at dommerne dømte i overensstemmelse med landets of- ficielle lovgivning. Dommerne er jo også kun mennesker. De er ligesom skole- og politiinspektøren interesserede i at mele deres egen kage. Hvis det rette beløb kommer på bordet, kan de hjælpe med til, at det fældende bevismateri- ale pludselig forsvinder fra arkivet, eller at vidner trækker deres belastende udsagn tilbage – eller måske bare helt forsvinder fra jordens overflade.

Ved morgenbordet samme dag husker du nu at have læst en helt bestemt avisartikel. I Dagbladet Information kritiserer en journalist, at statens anklagemyndighed slet ikke reagerer på grove lovovertrædelser, selvom beviserne er uigendrivelige.

Journalisten fremlægger det ene fældende bevis efter det andet på, at chefen for skattevæsnet systematisk har indgået underhåndsaftaler med topdirektører fra blandt andet Mærsk, Danfoss og Lego samt en række tidligere toppolitikere fra både Socialdemokraterne og Venstre. Journalisten mener også at kunne bevise, at en efterforskning af forsvarsministerens aktiepost i et af de våbenfirmaer, hvor han som det danske forsvars repræsentant har bestilt fire nye kampfly til en pris af næsten tre milliarder, uden grund er blevet skrinlagt.

For resten af din familie, dine venner og dine kollegaer er artiklen chokerende. De kan ikke huske at have læst noget lignende. Så længe tilbage nogen af dem kan huske, har aviser og tv-kanaler været lydige proselytter over for magthaverne. Hver gang en enkelt modig journalist eller embedsmand har vovet at offentliggøre det mindste kvæk om elitens enorme personlige formuer, deres villaer på Strandvejen nord for København og deres ferieboliger i Saint-Tropez, er det endt galt.

Eller det formoder man i hvert fald. For ingen har nogensinde hørt mere til dem. Nu regner alle i din omgangskreds med, at det samme sker for journalisten ved Information. De siger, at det nærmest var som en selvmordsmission at skrive den artikel.

De næste mange dage blader du Information igennem for at læse nyt om sagen. Eller for i hvert fald at se, om der ikke kommer en anden artikel skrevet af den samme journalist. Men nej. Ingen hører mere til sagen eller journalisten. Du ender med at betale for din søns karakterbog – og forsvarsministeren? Han sidder stadig på sin post.

HER, DER OG ALLE VEGNE

DET LYKKELIGE LAND

… Og så med ét vågner du badet i sved. Puha, det var bare en ond drøm. Kræftbehandling, skolegang og retsvæsen er stadig gratis og ikke til salg for højestbydende i Danmark.

Men den høje grad af fravær af korruption, som vi kender i Danmark og de øvrige nordiske lande, er en undtagelse på verdensplan. Korruption er hverdag i langt de fleste lande. Vores mareridt om et korrupt samfund er deres virkelighed.

Korruption uanset form og størrelse er voldsomt underminerende for ethvert samfund. Når landets love ikke gælder for alle, og du til hver en tid kan bestikke dig fra at bryde dem, opstår et vilkårligt og lovløst samfund. Hvis landets politikere og embedsstab begår underslæb, bedrageri og embedsmisbrug, mister de fleste almindelige borgere enhver lyst og motivation til at følge de officielle regler. Det samlede resultat er en voldsomt dysfunktionel stat.

Samfundsforskere har de seneste år dokumenteret korruptionens destruktive effekt, og det viser sig desværre at være et langt større problem, end man tidligere har troet. Korruption fører til et svind af enorme dimensioner i de statslige ressourcer, har afgørende betydning for et lands velstand og vækst samt for befolkningernes levevilkår og sundhed. Kronisk underudvikling, nød, mangel på vand, sult og fattigdom kan i mange lande tilskrives fænomenets fordærvelige kræfter.

Der er derfor formentlig en nær forbindelse mellem graden af korruption og et lands rigdom. Det er i hvert fald næppe helt tilfældigt, at Danmark ifølge Transparency International er verdens mindst korrupte land og samtidig et af verdens rigeste. Andre undersøgelser viser, at vi danskere også er verdens lykkeligste befolkning. Nok takket være vores tillid til hinanden.

SYGE STATER

Det er dog ikke kun slyngelstater, diktaturer, fejlslåede stater, udviklingslande og lignende, der lider under korruption. Korruption er overalt – også i lande som vi danskere normalt sammenligner os med.

Den tidligere franske præsident Nicolas Sarkozy er eksempelvis anklaget for korruption. Han skulle have modtaget ulovlig partistøtte til sit konservative parti, UMP. L'Oréal-arvingen Liliane Bettencourt skulle under præsidentvalgkampen i 2007 have afleveret store brune kuverter fyldt med millioner af euro til Sarkozy – sikkert med en forventning om at få noget til gengæld.

Sarkozys forgænger Jacques Chirac havde helt sikkert ikke rent mel i posen. Han blev i 2011 dømt for at have svindlet med offentlige midler, da han var overborgmester i Paris fra 1977 til 1995. I en række andre sager er også menige politibetjente, en vicepolitichef og embedsmænd fra anklagemyndigheden dømt for modtagelse af bestikkelse og magtmisbrug. Hele 68 % af franskmændene mener da også, at korruption er et udbredt fænomen i landet.

Det er dog desværre Frankrig, der er reglen, og Danmark, der er undtagelsen. Et EU-finansieret forskningsprojekt har for nylig offentliggjort en undersøgelse af de 28 medlemslandes korruptionsniveau. Hvis de alle sammen lignede Danmark, ville de tilsammen kunne forøge deres skatteindtægter med 323 milliarder euro om året. Det er det dobbelte af EU's budget for 2013. Det lyder som et voldsomt tal.

Alligevel kan det sagtens blive meget værre. For langt hovedparten af EU's medlemsstater er blandt den mindst korrupte tredjedel af verdens lande. Kun Bulgarien, Grækenland og Italien er mere korrupte. Om noget en klar indikation af, hvor slemt det står til i resten af verden.

Europakommissionen har i flere sammenhænge beskrevet korruption som "en sygdom, der ødelægger et land indefra". Den ødelægger al vores virketrang og sans for retfærdighed. Viljen til at betale skat i et land som Afghanistan er for eksempel minimal. Pengene forsvinder jo fluks til korrumperede myndigheder og derfra ud på private konti. Offentlige kontrakter bliver i stort omfang givet til venner eller familie, det underbetalte politikorps er til fals for bestikkelse, og det samme er hele retsvæsnet. Højtplacerede politikere deltager i det omfattende misbrug, og stemmer kan de jo købe eller svindle sig til.

CICEROS ANKLAGER

Prostitution skulle efter sigende være verdens ældste erhverv. Det er der jo nok noget om. Sex kan vi ikke rigtig undvære. Men korruption går formentlig næsten lige så langt tilbage i menneskehedens historie.

Vi kan i hvert fald læse om fænomenet i Bibelen, der går nogle tusinde år tilbage. Så selv dem, der mente, at de nedfældede Guds ord, må have anset korruption for så problematisk, at de følte et forbud var på sin plads. Gud formaner i hvert fald sin profet Moses om, at han ikke må tage imod bestikkelse. Det gør nemlig den seende blind og fordrejer sagen for dem, der har ret. Det er uærligt, fører til uretfærdig og uredelig vinding – den personlige grådighed, der ligger til grund for korruption, er langtfra en moderne forseelse.

Selve ordet korruption kommer fra det latinske *corruptio*, der betyder beskadigelse eller fordærv. I oldtiden anvendte grækere og romere ordet til at beskrive enten et helt samfunds eller enkeltpersoners moralske fordærvelse.

Filosoffer som Aristoteles og Cicero kaldte for eksempel embedsmænds egennyttige forgribelse på betroede midler for korruption. I år 70 f.Kr. førte Cicero en sag ved domstolene mod den romerske politiker Gajus Verres. Han havde som statholder på Sicilien udplyndret øen og dens befolkning. Under retssagen forsøgte Gajus Verres endda både at bestikke juryen og indsætte en af sine venner som dommer. Men uden held. Til gengæld lykkedes det ham at flygte, inden der blev fældet dom i sagen. Derfor blev han dømt for alle anklager in absentia.

I 1500-tallet blev de moralske betragtninger over emnet ført videre af Niccolò Machiavelli. Den italienske diplomat og filosof beskrev i sin magtmanual *Fyrsten* fra 1513 menneskets natur som grådig og magtbegærlig – kort sagt korrupt. Mennesket var svagt og kunne kun ved hjælp af en stærk leder føres tilbage til de rette dyder.

I slutningen af 1800-tallet udtrykte den britiske historiker Lord Acton sit syn på faren ved magtkoncentration med ordene: "Al magt korrumperer, og total magt korrumperer totalt". Korruption var et uundgåeligt fænomen, da alle samfund må have en eller anden form for magtdeling. Ifølge Lord Acton var der en sammenhæng mellem en persons moralske fordærv og magt. Jo mere magt, jo løsere moral.

Nogenlunde samtidig forsøgte den britiske jurist og historiker James Bryce at komme en præcis definition en lille smule nærmere. For Bryce var bestikkelse af offentlige embedsmænd korruptionens primære element. Han anså dog også magtmisbrug for egen vindings skyld og nepotisme som afgørende dele. På den måde tog han udgangspunkt i korruption som et politisk og juridisk fænomen mere end blot et moralsk spørgsmål.

KORRUPTION PÅ FILM

På de cirka 2500 år har ordet 'korruption' ændret betydning. For oldtidens filosoffer var det et samfunds eller en persons moral, der kunne være korrupt. I Bryces mere moderne definition af begrebet blev ordet snævret ind til at dække over konkrete handlinger begået af personer

eller stater i deres administration og magtanvendelse. Det
er også den opfattelse, jeg som historiker arbejder ud fra i
min forskning.

I løbet af det 20. århundrede begyndte forskere og
politikere at dele fænomenet op i kategorierne politisk og
administrativ korruption. Det var den tyske økonom Max
Webers skarpe skel mellem politikere og bureaukrater, der
var inspirationen bag. Den politiske korruption foregår
ifølge Weber i de lovgivende forsamlinger, dvs. landets
parlamenter og folketing. Her er det politikernes adfærd
og valgprocesserne, der kan være korrupte.

Som når Italiens tidligere regeringschef Silvio Ber-
lusconi i både 2009 og 2013 forsøgte at få vedtaget en
lovgivning, der ville sikre ham immunitet mod retsforføl-
gelse. Og som når amerikanske politikere modtager beløb
i millionklassen til finansiering af deres valgkamp fra
landets virksomheder. Til gengæld skal politikerne så blot
sikre de glade givere statslige ordrer, eller at landets love
bliver udformet i deres favør.

Den administrative korruption finder ifølge Weber
sted blandt embedsmændene. De kan begå underslæb ved
at tage af kassen. Eller de kan modtage bestikkelse mod at
lukke øjnene for, at en fabrik ikke overholder miljøloven.
Eller måske tildele et firma en byggetilladelse, selvom jor-
den er fredet eller tilhører en magtesløs minoritet, sådan
som det sker igen og igen i Brasiliens regnskov.

En del af de mindre transaktioner til både embeds-
mænd og politikere går ofte under betegnelsen 'smø-
relse'. De dækker over uofficielle og ekstra betalinger for

alkoholbevillinger, pas, kørekort eller lettere ekspeditions-
gange.

Ikke blot politikere og embedsmænd kan stå bag kor-
ruption. Det private erhvervsliv tager også del i de lyssky
metoder. Det kan vi se en illustration af i den danske film
Kartellet fra 2013 med Anders W. Berthelsen i hovedrollen.
Han overtager sin fars el- og vvs-firma, men nægter at føre
de vante forretningsmetoder videre. Da han direkte siger
nej til at indgå ulovlige prisaftaler med et par store byg-
geselskaber, bliver han ikke bare lukket ude fra det gode
selskab, hans eget liv og hans familie trues.

Det er selvfølgelig fiktion, men det er nok ikke helt til-
fældigt, at det netop er byggebranchen, der bliver afbildet
som stærkt korrupt. Det er den nemlig også i virkelighe-
den. Selv i Danmark er der en del brodne kar.

I forsøget på at begrænse konkurrencen og forøge de-
res indtjening indgår håndværksmestre eller entreprenører
hemmelige aftaler, inden de afgiver tilbud på en opgave.
De har opdelt markedet mellem sig og skiftes til at vinde
byggeopgaverne ved ulovligt at koordinere deres tilbud på
forhånd.

Sportens verden kan heller ikke sige sig fri for at være
stærkt befængt af det lyssky fænomen. Korruptionsan-
klagerne i forbindelse med tildelingen af værtsskaber for
både OL og VM er i hvert fald både vedholdende og virker
mere end rigeligt underbyggede. Mange forskere og jour-
nalister undrer sig over, hvordan Rusland kunne blive valgt
som værtsland for fodbold-VM i 2018. Men efter sigende
skulle et enkelt Picasso-maleri til Michel Platini, chef for

det europæiske fodboldforbund, have sikret valget. Samme kritikere spekulerer ikke mindst over, hvordan vinter-OL i russiske Sochi i 2014 kunne blive hele syv gange dyrere end OL i canadiske Vancouver i 2010.

En god del af svaret finder vi formentlig på Transparency Internationals liste over landenes korruptionsniveau. Canada er på en tiendeplads et af verdens mindst korrupte lande. Rusland finder vi noget længere nede på listen. Faktisk helt nede som nummer 136, overgået af blandt andet Østtimor. Så vi kan konkludere, at korruption koster, når alle skal have deres bid af kagen.

KÆRT BARN ...

Men til trods for at korruption er så udbredt, er det endnu ikke lykkedes os korruptionsforskere at blive enige om en endelig definition på, hvad korruption er. I Danmark vil de fleste af os sige, at det er korruption, når en kommunaldirektør modtager en rejse fra et rengøringsfirma, som han på kommunens vegne er på vej til at indgå en stor kontrakt med. Det er kriminelt og kan straffes med fængsel.

Men i for eksempel Nigeria eller Vietnam er der en langt mere flydende grænse for, hvornår noget er bestikkelse, og hvornår lidt smørelse blot er en del af prisen for eksempelvis at få udstedt en tilladelse til at handle med cigaretter eller bygge en bolig. Lønnen for de offentligt ansatte er lav, og lidt ekstra betaling for en offentlig service er helt normalt. Det er det, der får hjulene i samfundet til at rulle, mener mange.

Slår vi op i den danske straffelov, finder vi dog ikke

ordet korruption en eneste gang. Det betyder selvfølgelig ikke, at korruption er tilladt for danske borgere. Jurister kalder det bare noget andet. For eksempel bestikkelse, underslæb, mandatsvig, bedrageri eller embedsmisbrug. Kært barn har mange navne – og hvis det er sandt, er korruption desværre en meget afholdt yngling for mange.

Siden 1990'erne har en række større organisationer som Verdensbanken, OECD, FN og Transparency International alligevel forsøgt at nå frem til en definition. "Misbrug af betroet magt til privat vinding" er deres fælles bud på, hvad korruption går ud på. Det er bestemt ikke noget dårligt forslag. Men det er alligevel problematisk, at ordet 'misbrug' ikke er defineret nøjere.

For i nogle af verdens mindst korrupte lande som Sverige og New Zealand opfatter myndighederne næppe misbrug på samme måde som i de mest korrupte stater som Somalia, Afghanistan, Irak og Sudan. Der er altså heller ikke enighed om, hvad misbrug er. Og så er vi jo næsten lige vidt. Derfor er der desværre nok lang vej til en universel beskrivelse af, hvordan alverdens forretningsmænd, embedsmænd og politikere skal opføre sig.

MIN GODE VEN SLIM

Men hvis vi ikke præcist kan beskrive, hvad korruption er, så kan vi måske i stedet beskrive det ukorrupte samfund? Det kan være, vi med det sigte kan nærme os det samfund, vi har som vores målsætning.

Det ukorrupte samfund er ifølge forskerne kendetegnet ved retssikkerhed, kompetente offentlige institutioner

med en upartisk, ansvarlig og saglig forvaltning, et profes-
sionelt embedskorps rekrutteret på baggrund af formelle
kvalifikationer frem for ven- eller slægtskab. Med andre
ord er det præcis de elementer, der også ifølge mine kol-
legaers undersøgelser øger kvaliteten i offentlige institu-
tioner og udgør væsentlige bestanddele i det, vi også bare
kunne kalde god regeringsførelse.

Hvis et lands højeste embedsmænd er upartiske og
behandler alle borgere ens, er der ikke nogen bestemte
grupper eller personer, der bliver favoriseret. Men sådan er
det for eksempel langtfra i Mexico. Her var en af verdens
rigeste mænd, forretningsmanden Carlos Slim Helú, i
1990'erne en af den daværende mexicanske præsident
Carlos Salinas de Gortaris rigtig gode venner. Og rigtige
venner hjælper jo hinanden. Især et af præsidentens
tiltag var fordelagtigt for hans gode ven Slim. Nemlig det
omfattende privatiseringsprogram af cirka 1200 statslige
virksomheder mellem 1985 og 2000.

Ved privatiseringen af det nationale mexicanske tele-
fonmonopol Telmex vandt Slim udbuddet efter en helt
'særlig' proces. Bagefter fik præsidentens bedste ven endda
eneret på telefoni i landet de første fem år og satte priserne
op med over 200 %. Samtidig var Slim blandt de helt store
private bidragsydere til præsidentens og regeringspartiet
PRI's valgkamp i 1994. Det lugter lidt af underhåndsaftaler
og særbehandling – korruption på højeste plan med andre
ord.

Selve ordet 'korruption' indgår i stort set alle verdens
sprog. Og vi kan hver især nok komme i tanke om mindst

et par andre betegnelser for det lyssky fænomen: Jeg har allerede nævnt smørelse, men det kan også gå under navne som kompensation, erkendtlighed, penge under bordet, betaling for tavshed, returkommission, beskyttelsespenge og så videre.

Overraskende nok er det forskerne, der halter bagefter den almindelige befolkning. For selvom det endnu ikke er lykkedes at finde frem til en endelig videnskabelig definition på korruption, har antropologer fundet frem til, at de fleste mennesker på tværs af kulturer hurtigt kan identificere korrupte handlinger.

Indbyggerne i en indisk landsby betragter bestikkelse og embedsmænds eller politikeres berigelse af sig selv som et negativt fænomen af de samme årsager som os i Danmark eller for eksempel Verdensbanken og Transparency International. På den baggrund kan vi så også konkludere, at årsagen til korruption ikke skyldes, at visse kulturer og befolkningsgrupper accepterer fænomenet.

Andre undersøgelser bekræfter, at selv i et stærkt korrupt samfund som Nigeria tager indbyggerne afstand fra korruption. Men de har som regel bare ikke noget valg. For at overleve må de bruge de samme moralsk fordærvelige metoder som alle de andre.

Hvis du som mor i Nigeria eller i andre korruptionsplagede lande som Zimbabwe eller Yemen ikke betaler lidt ekstra til lægen, bliver dit barn ikke vaccineret. I Kenya, Venezuela eller Usbekistan får du ikke dit pas udleveret, hvis ikke der følger en kuvert med ekstra betaling med pasansøgningen. Og hvis du i Moskva ikke rækker færdselsbetjenten et par rubler, når han stopper dig i trafikken, risikerer du at blive anklaget for en langt værre forseelse, end den du muligvis, muligvis ikke begik. Ingen har rene hænder.

I et samfund gennemsyret af korruption giver det i øvrigt ikke mening ikke at gøre som alle andre. Det er håbløst at være den eneste ærlige politibetjent, læge, embedsmand eller politiker. Hvis alle andre er korrupte, snyder du jo kun dig selv ved at lade være. Hovedproblemet i lande som Rusland, Bangladesh og mange af de øvrige mest korrupte lande er derfor også den politiske og administrative elite. Det er den, der er mest korrupt.

DEN BUNDKORRUPTE TOP

Listen over korrupte topledere er i hvert fald meget lang. Blandt de øverste på skamstøtten står den tidligere indonesiske general og politiker Suharto. I årene fra 1967 til 1998, hvor han var landets præsident, lykkedes det ham at tilrane sig intet mindre end 30 milliarder dollars. Han ejede luksusvillaer på Bermuda, Cayman Islands og Hawaii, en kæmpevilla uden for Los Angeles og en ski-ranch på New Zealand.

Den filippinske præsident Ferdinand Marcos, den tidligere serbiske præsident Slobodan Milosevic og præsident Robert Mugabe fra Zimbabwe rangerer også højt på samme liste. Ferdinands hustru, Imelda Marcos, måtte for eksempel efterlade sig over 1200 par sko, da den filippinske befolkning i 1986 endelig blev så træt af præsidentparret, at de fordrev dem fra landet.

På verdensplan er det ca. 80 % af jordens befolkning, der er påvirket af eller direkte lider under håbløst korrupte offentlige institutioner. Og vi har allerede noteret os, at korruptionen har en omfattende destruktiv effekt. Vi ved bare ikke, hvordan vi effektivt kan bekæmpe den.

Hovedparten af forsøgene, der er blevet iværksat de seneste 15-20 år af internationale institutioner, er endt med nedslående resultater. I Tanzania og Mexico har vi flere eksempler på, at bistandshjælp og økonomisk støtte til infrastruktur misbruges. Til trods for at donorerne kræver streng kontrol med regnskaberne. Men på papiret sørger bygherrerne og de andre involverede parter bare for, at hver eneste post fremstår korrekt. De bogfører beløbene anvendt til bestikkelse og returkommission som udgifter til for eksempel byggematerialer og får fremskaffet falske kvitteringer.

Det sker også, at lokale virksomheder, der først har fået opgaven, udbyder opgaven til et andet firma – efter de selv har taget en del af pengene for ulejligheden. Ofte ender hele miseren med, at kun en mindre del af det oprindelige beløb bliver anvendt til veje eller broer. Og som endda er bygget af så dårlige materialer, at de bryder sammen efter kort tid. Der er altså meget lidt, der tyder på, at vi er på vej mod bedre tider.

Måske skyldes det, at vi fortsat ikke helt forstår alle facetterne af fænomenet. Derfor kan vi heller ikke tilstrækkeligt præcist slå ned på det. Måske mangler viljen også. Eller det kan være, at problemets omfang blot er så tyngende stort, at det ikke umiddelbart lader sig løse.

Når et helt samfund er inficeret med en korrupt praksis, hvem skal så tage første skridt i at ændre på tilstanden? I de nordiske lande ville vi sikkert svare, at det skal de politiske ledere naturligvis, men så enkelt er det bare ikke i hovedparten af verden. Det er jo næsten altid dem, der er de største syndere.

MÅLET ER DANMARK

Mange af os har måske nok hørt om Sisyfos. Navnet stammer fra den græske mytologi, hvor sagnkongen Sisyfos, som straf for gudsbespottelse, i al evighed skulle trille en kæmpe sten op ad en bakke. Når han nåede toppen af bakken, trillede stenen ned igen, og Sisyfos kunne begynde forfra. Det kunne også være et billede på den håbløse udsigt til at få bekæmpet korruption på verdensplan.

Men hvad så – må Sisyfos blot opgive sin kamp?

Internationale korruptionsforskere har på det seneste undersøgt, hvordan et land opnår et så lavt korruptionsniveau som det danske. Danmark er nærmest blevet et forbillede for, hvordan korruption kan bekæmpes, og for hvordan svage stater omdannes til velfungerende samfund. Det store spørgsmål lyder: Hvordan bliver for eksempel Nigeria, Yemen og Irak til Danmark?

Frem for blot at se på, hvad landene med høje korruptionsniveauer tilsyneladende har gjort forkert, fokuserer forskere i stedet på, hvordan korruption kan begrænses. Målet er *"getting to Denmark"*.

I Danmark må vi altså have gjort et eller andet rigtigt; noget helt særligt, der gør, at vi nu kan sidde og pudse glorien. Korruption eksisterer naturligvis fortsat i Danmark og vil formentlig altid gøre det, men det bemærkelsesværdige er, at det findes i langt mindre grad end i hovedparten af verdens øvrige lande. Hvordan kan det være?

Det helt korte svar på spørgsmålet er formentlig, at den samfundsmæssige top i Danmark ikke er bundkorrupt, men faktisk har bekæmpet problemet i århundreder. Faktisk helt tilbage til, da den første enevældige konge kunne sætte sig på den danske trone i 1660 – og måske endda før.

Så kigger vi tilbage i danmarkshistorien, holder Lord Actons betragtninger om, at "al magt korrumperer, og total magt korrumperer totalt" nok ikke. For her regerede enevældige konger i mere end to hundrede år, fra 1660 frem til 1849.

DA DANMARK BLEV DANMARK

EN KONGELIG AFFÆRE

I år 1660 lykkedes det Frederik 3. at indføre den mest suveræne form for enevælde i hele Europa. Det skete på en trist baggrund. Kort tid forinden havde vi mistet Skåne, Halland og Blekinge til ærkerivalen Sverige. Den danske stat var på randen af fallit. Den danske adelsmagt måtte nødtvunget overdrage den del af magten til Frederik 3., som et adeligt rigsråd og en valgt konge hidtil havde delt.

Med det enevældige styre blev Danmark et arveligt monarki. Nu var det alene kongen, der sad på al magt og myndighed til at regere landet. Alle beslutninger om krige, beskatning, lovgivning og så videre skulle godkendes af ham. I praksis kunne de danske konger naturligvis ikke personligt styre landet i alle detaljer. De skulle jo også have tid til at gå på jagt og jage damer og dronninger. Derfor uddelegerede de en del af myndigheden til embedsmænd, der så kunne administrere riget på deres vegne.

Det betød, at de danske embedsmænd i årene efter 1660 indgik i et mere og mere klart og professionelt hierarki under kongen. Det monopol på en lang række af statens højeste poster, som adelen tidligere havde haft, blev fjernet. I stedet lagde kongen vægt på embedsmændenes loyalitet og mere generelt deres duelighed og evne til at skrive og regne.

Både Frederik 3. og hans søn Christian 5. var i anden halvdel af 1600-tallet opmærksomme på at undgå den tidligere afhængighed af adlen. Til det formål behøvede de også et korps af embedsmænd, der ikke udgjorde en trussel mod kongens magtposition. Derfor rekrutterede de bevidst mænd af borgerlig – og ikke adelig – oprindelse. De havde ikke som de adelige mænd magt og modstandskraft via familiens formue, men ville være økonomisk afhængige af embedet.

Kongerne havde altså brug for trofaste embedsmænd for at konsolidere den nyvundne enevældige magt. De loyale kongelige tjenere, som embedsmændene blev kaldt i slutningen af 1600-tallet, var samtidig nødvendige for styret i forsøget på effektivt at kunne indkræve skatter. Den militære trussel fra stormagten Sverige var fortsat overhængende, og især Christian 5. og Frederik 4. havde ambitioner om at generobre de tabte territorier øst for Øresund.

I slutningen af 1600- og begyndelsen af 1700-tallet var Danmark og Sverige endda nok de to mest militariserede stater i Europa. I hvert fald når vi sammenligner antallet af soldater med befolkningens størrelse. Det har krævet en effektiv administration, høje skatteindtægter og en udvidelse og professionalisering af statsapparatet. Dykker vi for eksempel ned i tidens opgørelser over skatteindtægterne, kan vi se, at skatteindbetalingerne var kraftigt stigende fra midten af 1600-tallet og godt hundrede år frem. Det var især bønderne på fæstegårdene, der måtte til lommerne.

DET ER MIG, DER BESTEMMER HER

Embedsmændene var kongens direkte ansvar. Når de tiltrådte deres kongelige embede, skulle de højtideligt i en såkaldt embedsed sværge troskab til ham. På den måde forsøgte styret bevidst at etablere et særligt forpligtende bånd mellem embedsmændene og den enevældige monark. Han sad jo på tronen af Guds nåde.

Christian 5. øgede samtidig embedsmændenes status og anseelse i samfundet via en såkaldt rangforordning fra 1671. Loven gjorde det muligt for kongerne at anerkende embedsmændene for loyal tjeneste. Pludselig kunne pligtopfyldende embedsmænd bryste sig med ærefulde rangtitler som konferensråd, kammerråd, etatsråd og justitsråd. Titler der ellers havde været forbeholdt de fine adelsmænd.

Det var den endelige stadfæstelse af, at embedsmændene kunne indtage de højeste positioner i rigets officielle rangorden. Og ikke mindst af, at det var kongen, der bestemte embede og rang til sine undersåtter, og ikke adelens blå blod. Begge principper var uden tvivl med til at styrke embedsmændenes prestige og sociale position i samfundet og gøre deres stilling yderligere attraktiv.

Det var en god aftale for både konge og embedsmænd. De danske konger fik loyale medarbejdere. Til gengæld fik embedsmændene en social status, som de kun kunne have drømt om før 1671. Det var dog kongen, der havde truk-

27

ket det længste strå. For han kunne – så snart han ikke var tilfreds – fratage enhver embedsmand hans position. Deres stilling, magt og indflydelse var kun til låns.

Vi kan naturligvis kun gisne om, hvordan den konstante risiko for at blive afskediget har påvirket embedsmændenes arbejde. Men det er nok et godt bud, at de har været meget opmærksomme på at indfri kongens ønsker og ikke har turdet tage særlig mange selvstændige beslutninger.

I dag hylder vi godt nok innovation og iværksættere med masser af gåpåmod. Men dengang har det formentlig kun været til gavn for den almindelige dansker, at en tolder for eksempel ikke følte sig berettiget til at opfinde særlige afgifter, når bønderne skulle ind gennem købstædernes byporte for at sælge deres kartofler, roer og gulerødder.

GRIFFENFELDS UDSALG

I år 1676 blev Frederik 3.s kammersekretær og senere rigskansler Peter Schumacher Griffenfeld fjernet fra embedet og sat under tiltale. Han havde ellers været med til at udarbejde Kongeloven fra 1665, der grundfæstede den danske enevælde. Men 11 år senere blev han dømt af en særligt nedsat kommissionsdomstol for et systematisk salg af både gejstlige og verdslige embeder, bestikkelse og embedsmisbrug.

I kraft af sin stilling som rigskansler – landets vigtigste lige under kongen – havde han også placeret en lang række familiemedlemmer på centrale nøglepositioner. Hans søsters mand var blevet udnævnt til borgmester i København, en anden svoger fik embede i datidens handelsministerium, Kommercekollegiet, hans fætter blev sekretær i Danske Kancelli, der svarer til nutidens stats- og justitsministerium, og hans yngre bror var generalpostmester.

Griffenfeld blev derudover fundet skyldig i at have modtaget det, han under sit forsvar i retssagen selv betegnede som "Taknemmelighedsgaver". I dag ville vi kalde den slags for bestikkelse.

Inden retssagen mod Griffenfeld fandtes der ikke nogen konkret lovgivning for embedsmændenes modtagelse af bestikkelse. Det kom dog, mens sagen stod på med en kongelig forordning af 20. marts 1676 om "Forbud paa Skienk og Gave at give og tage", der indførte dødsstraf for netop denne type embedsforbrydelse. Det var det første retslige tiltag, der fordømte en praksis, som formentlig var ganske udbredt i det danske monarki tidligere.

I løbet af 1700-tallet blev netop forbuddet mod bestikkelse gentaget og indskærpet et utal af gange. Det var et klart signal om, at korruption som Griffenfelds ikke blev tolereret. Heller ikke selvom det var en af kongens mest betroede mænd, der stod bag.

ET HØJTIDELIGT LØFTE

Frem til midten af 1700-tallet havde embedsmænd primært en praktisk baggrund. De var oplært "ved Pennen", som det hed dengang. Det vil sige, at de havde arbejdet som for eksempel skrivere eller kopister for en embedsmand. På den måde fik de kendskab til den administrative praksis, sagsgange og love, inden de selv søgte kongen om et embede.

En god del af 1600-tallets embedsmænd fra adelsslægterne havde – som traditionen foreskrev – gået på enten Sorø Akademi eller Det Kongelige Ridderlige Akademi i København. Bagefter var de ligesom deres far og hans far formentlig rejst ud i den store verden for at færdiggøre deres studier på forskellige europæiske universiteter i for eksempel Göttingen, Leipzig, Paris eller Oxford.

Men i 1736 blev det også på Københavns Universitet muligt at studere jura. Dermed kunne de borgere, der ikke havde råd til eller mulighed for lange udlandsophold, også tage en juridisk embedseksamen. Med tiden blev flere og flere af den danske stats embeder besat af disse juridiske kandidater fra Københavns Universitet. Den ensartede uddannelse var en væsentlig faktor i professionaliseringen af embedsstanden og gødede jorden for at etablere en egentlig retsstat, da embedsmændene udviklede et langt større kendskab til landets love. De kongelige tjenere blev med datidens ord "lovkyndige".

Reelt var det dog først fra begyndelsen af 1800-tallet, at hovedparten af embederne i administrationen var besat af mænd med formelle juridiske kvalifikationer. Derefter havde de juridisk uddannede mænd til gengæld helt frem til en gang i begyndelsen af det 20. århundrede så godt som monopol på stillingerne i embedsværket. Siden da har medarbejdere med baggrund i statskundskab, økonomi eller sågar historie eller andre 'bløde' fag overtaget en del af stillingerne.

For 17- og 1800-tallets danske konger var den ideelle embedsmand altså den universitetsskolede jurist. Med sin store faglige viden kunne han være med til at indføre de retsstatslige principper i større og større dele af forvaltningen. Deres bedre skoling betød også, at kravene til embedsmændene kunne skærpes.

Selve arbejdsopgaverne blev eksempelvis beskrevet mere og mere udførligt i de instrukser, der fulgte ved embedsmandens tiltrædelse. Det resulterede gennem årene i en mere ensartet forvaltning. Og nok så vigtigt: Spillerummet for korrumpering af den enkelte embedsmand blev formindsket.

Der går faktisk en lige linje fra 1736 frem til i dag. For lige siden da har de færdiguddannede jurister aflagt et formelt løfte om at overholde en række etiske principper for deres virke. Blandt andet sværger de på "aldrig at vige fra ret og retfærdighed".

DEN SLUNKNE STATSKASSE

16-1700-tallets lovpraksis har altså haft stor betydning for Danmarks lave korruptionsniveau i 2015. Al forskning viser da også, at der er en klar sammenhæng mellem korruption og den måde, som en stat rekrutterer sine embedsmænd på.

Det er for eksempel altafgørende, at embedsmændene alene bliver ansat på deres faglige kvalifikationer. Så snart deres familiebaggrund eller politiske overbevisning begynder at spille en rolle, har vi korruptionsforskere kunnet måle en højere grad af korruption. For så vil mange af embedsmændene have tendens til at være mere interesserede i at varetage særinteresser end at træffe den bedste beslutning for hele staten.

Det var derfor – også set med vores øjne – et utroligt klogt træk, at de danske konger fastholdt, at embedsmændene blot administrerede i deres sted. De kunne til enhver tid afsættes, hvis de ikke handlede i overensstemmelse med kongens interesser. Det betød dog ikke, at de danske konger ikke selv engang imellem tyede til mere eller mindre problematiske metoder. Som for eksempel salg af offentlige embeder, som enkelte konge lod sig friste af.

Blandt andet Frederik 4. Han valgte at udnytte sin ret til at udnævne embedsmænd for at supplere en slunken statskasse. I årene 1700-1701 solgte han ikke færre end 47 embeder som både amtsforvaltere, fogeder og toldere. Dertil en række embeder som amtmænd i Norge, der jo var del af de danske kongers rige frem til 1814.

Vi har også fundet dokumenter, der bekræfter, at den var gal igen en snes år senere. I år 1715-1716 solgte Frederik 4. hele 56 embeder som herreds- og byfogeder, herreds- og byskrivere, borgmestre og rådmænd. De fleste af indtægterne brugte han i første omgang til at finansiere Danmarks deltagelse i Den Store Nordiske Krig, der blev udkæmpet fra 1700 til 1721 mellem Sverige på den ene side og Danmark, Rusland og Polen på den anden. Og i anden omgang til opførelsen af Kancellibygningen på Slotsholmen, der stod færdig i 1721. Det er den bygning, der i dag huser Finansministeriet. – Som altså er kommet til verden takket være, hvad vi i dag ville kalde korruption.

DE UBERYGTEDE OG VEDERHÆFTIGE

De danske konger stillede mange krav til deres embeds-
mænd. Blandt andet skulle dommerne ifølge Christian 5.s
Danske Lov fra 1683 være både "uberygtede" og "veder-
hæftige".

Med "uberygtede" mente Christian 5., at hans embeds-
mænd ikke måtte være dømt for eller have gjort sig skyl-
dige i en handling, der i offentligheden blev betragtet som
vanærende. Og at de skulle være "vederhæftige" betød, at
de ikke måtte have stiftet en uoverstigelig gæld.

Det var godt tænkt af Christian 5. – og de embeds-
mænd, der formentlig stod bag den egentlige udformning
af loven. For fristelsen til at tage lidt af kassen har uden
tvivl været mindre, hvis embedsmanden formåede at have
styr på sin egen private økonomi. Omvendt havde styret
også brug for, at embedsmændene i byerne og på landet
kunne lægge ud for den offentlige myndighed. Det var
nødvendigt, da der endnu ikke eksisterede et forgrenet net
af pengeinstitutter eller et pålideligt kreditvæsen i landet.

Men listen over kongernes krav var endnu længere.
Alle landets skatteopkrævere skulle aflægge regnskaber for
indtægter og udgifter til Det Kongelige Rentekammer i
København. Og som om det ikke var nok, skulle amtsfor-
valtere og toldere stille kaution svarende til omkring et års
indkomst, når de tiltrådte deres embede.

På den måde mente styret at kunne sikre, at de førte
korrekte regnskaber over indtægter og udgifter, og at
ingen af dem oparbejdede for store underskud i kasserne,
som de risikerede selv at skulle dække. Tiltaget betød

også, at de ansvarlige for statens regnskaber i hovedstaden i langt højere grad kunne kontrollere de lokale embedsmænd.

KORRUPTIONENS MØRKETAL

Alligevel blev der ved med at være brodne kar blandt kongens embedsmænd.

I 1725 blev oversekretær i Danske Kancelli, Frederik Rostgaard, indstævnet for domstolen og anklaget for modtagelse af skænk og gave. Rostgaard var ikke en hr. hvem som helst. Han havde en lang karriere med høje embeder i administrationen bag sig.

Blandt andet havde han været dommer i Højesteret og direktør i Vestindisk-guineisk Kompagni. I 1721 giftede Frederik 4. sig endda med Rostgaards hustrus halvsøster. Det var næsten som at være i familie med kongen. Måske var det en af grundene til, at Rostgaard ikke følte, at landets love gjaldt ham.

Men kort før sin arrestation må Rostgaard alligevel have indset, at den var gal. For i et bønskrift til Frederik 4. kort forinden erkendte han at have taget imod "Diskretion" for en række forskellige tjenester. Men – hævdede han – han havde aldrig "foretaget noget imod Kongens Tarv for Skjænk og Gave".

Frederik 4. lod sig dog ikke formilde: ingen benådning. Rostgaard mistede samtlige af sine embeder, blev forvist fra hovedstaden og skulle betale alle de modtagne beløb tilbage. Han måtte i skam trække sig tilbage til sin herregård Krogerup i Nordsjælland. Nogle år senere fik han dog lov til at vise sig ved hoffet igen og blev endda tildelt et embede som amtmand.

Historien om Rostgaard udgør blot et eksempel på tidens korruptionssager. Danske forskere har dog endnu ikke undersøgt 16- og 1700-tallet systematisk – så rent faktisk ved vi ikke, hvor korrupte embedsmændene var dengang.

Og selv hvis embedsmændenes korruption en dag skulle blive undersøgt til bunds, kunne vi korruptionsforskere ikke vide os sikre på, at det var sandheden, vi langt om længe havde fundet frem til. For vi kan jo kun følge sporene af de embedsmænd, der blev opdaget og retsforfulgt. Ingen kan vide, hvor mange korrupte embedsmænd der i perioden gik lykkelige og ustraffede i graven. Det er desværre en generel regel: Der er formentlig langt mere korruption i ethvert samfund, end de sager, der kommer frem i lyset, afslører. Også i dagens Danmark.

KÆRE KONGE ...

Men det er ikke kun kongen og hans love, der har haft stor betydning for de danske embedsmænds opførsel. Religion, ved vi, har også spillet en rolle i opdragelsen af de danske embedsmænd. Det står klart, hvis vi for eksempel læser i den lille katekismus af teologen Erik Pontoppidan, som alle landets konfirmander fra lidt før midten af 1700-tallet skulle lære udenad for at kunne træde ind i voksenlivet.

Generation på generation af børn i 12-13-årsalderen har terpet, at svig, underslæb og lignende er syndigt. Pontoppidans bog var formentlig den mest udbredte og mest læste bog i hele landet. Selve titlen *Sandhed til Gudfrygtighed*, må man da også indrømme, maner til fromhed. Og bogen skulle ifølge forfatteren indeholde forklaringer på alt det, som "den, der vil blive salig", behøver at vide og gøre.

Gennem 1700-tallet lærte en større og større del af befolkningen også at læse og skrive. De evner udnyttede danskerne blandt andet til at skrive direkte til kongen. Den ret havde de opnået med Danske Lov fra 1683, som gav mulighed for at indsende såkaldte supplikker til kongen. I en del af skrivelserne beklager bønder og købmænd sig over de lokale embedsmænd eller deres forvaltning. Supplikkerne fungerede nærmest som en slags whistleblower-ordning eller stikkerlinje, som gav kongen og hans nærmeste rådgivere en mere præcis fornemmelse af, hvordan deres lokale repræsentanter opførte sig.

På over to hundrede års afstand er det naturligvis svært at sige, hvor stor betydning supplikkerne har haft som modgift mod korrupte embedsmænd. Men man kan næsten kun forestille sig, at det har fået i hvert fald nogle embedsmænd til at holde sig på dydens smalle sti. For det kunne jo ske, at der var en eller anden pedantisk bonde med skrivekløe, der klagede til kongen over både dette og hint. Og så kunne ens behagelige tilværelse hurtigt blive skiftet ud med en trist tilværelse i tugthuset.

KASSEMANGEL-EPIDEMIEN

Alle anstrengelser til trods blev der også i begyndelsen af 1800-tallet afsløret et stort antal sager om embedsmisbrug.

På alle niveauer i det statslige hierarki blev embedsmænd dømt for forskellige former for korruption.

Mange af dem havde blandt andet fået for vane at tage lidt af de kasser, de var sat til at bestyre. Særligt i årene mellem 1810 og 1830 gik det så galt, at almindelige danskere talte om en egentlig "Kassemangel-epidemi".

Årsagen til epidemien skulle i en vis grad findes uden for landets grænser. Danmark blev i begyndelsen af 1800-tallet tvunget ind i Napoleonskrigene. Efter at Rusland og Frankrig havde sluttet sig sammen, krævede de, at neutrale lande som Danmark valgte side. Det førte til, at Danmark allierede sig med Frankrig og kejser Napoleon i krigen mod England.

Det skulle vise sig at være en skæbnesvanger beslutning. For det første fordi København blev bombarderet af den britiske flåde, ikke en men to gange. Først ved Slaget på Reden i 1801 og igen i 1807. Og som om det ikke var nok, måtte Frederik 6. afstå Norge til Sverige som en del af fredsslutningen i 1814.

I krigsårene og tiden umiddelbart efter var Danmark i en ekstraordinært vanskelig økonomisk situation. Inflationen eskalerede drastisk, og den danske stat gik reelt statsbankerot i januar 1813. Seddelpressen havde fået lov til at løbe løbsk under krigen, og de økonomiske reformer var langtfra effektive. Det førte til en økonomisk krise for landet efterfulgt af en produktionsnedgang i landbruget, landets vigtigste erhverv, som varede frem til slutningen af 1820'erne.

Med stor sandsynlighed var det disse omstændigheder,

der fristede mange embedsmænd over evne. De oplevede gang på gang, at deres almindelige gage blev udhulet af en galoperende inflation. Og så var det jo nærliggende at finansiere en respektabel levestandard med små lån fra statskassen – som måske aldrig ville blive opdaget eller straffet.

HÅRDE TIDER

Symptomerne på kassemangel-epidemien dukkede dog op overalt i landet. I 1820 stod en af landets mest prominente embedsmænd på anklagebænken. Mere specifikt stift-amt- og amtmanden i Københavns Amt og Sjællands Stift, Christopher Schöller Bülow, der blev dømt for en kasse-mangel på 23.000 rigsbankdaler. Det svarede til adskillige årslønninger for Bülow.

Amtmanden endte dog ikke i fængsel, idet han flyg-tede, inden dommen faldt. Forklædt som jæger skal han sammen med sin søn og en tjener i begyndelsen af februar 1820 være gået over isen på Storebælt fra Sjælland til Fyn. Og derfra være rejst videre mod Holsten, hvor han ejede et gods, og så til Hamborg – uden for det danske retsvæ-sens rækkevidde.

Selvom sagen blev ført så diskret som muligt ved hjælp af en særligt nedsat kommissionsdomstol, vakte den op-sigt blandt Københavns borgere. Det var jo ikke hver dag, at en så højtstående embedsmand blev taget med fingrene i kassen. Som øverste ansvarlig for hele riget har det for-mentlig ikke just vakt jubel hos Frederik 6. Kritikken faldt jo tilbage på ham.

Det var *gefundenes Fressen* – eller sagt på godt gammel-
dags dansk vand på møllen – for den satiriske og sam-
fundskritiske avis Nyeste Skilderie af Kjøbenhavn. I sagens
kølvand bragte den en række artikler, der offentligt kriti-
serede embedsmændenes og forvaltningens ringe stand.
Udgiveren Salomon Soldin og hans skribenter opfordrede
blandt andet til, at der blev holdt nøje øje med embeds-
mændene, at deres regnskaber skulle offentliggøres, og at
borgere nemmere skulle kunne klage over deres beslutnin-
ger. Netop nogle af de tiltag, som vi korruptionsforskere
prædiker i dag.

EN HELDIG DØD

I efteråret 1820 var den gal igen. Her blev stiftamtmanden
i Ribe, Hans Koefoed, afsløret med en gedigen kasseman-
gel på 37.000 rigsbankdaler. Beløbet svarede til knap tyve
gange hans egen årlige gage. Efter at Koefoeds under-
skud i embedskassen var blevet opdaget, blev han i første
omgang suspenderet fra sin stilling. Sagen skulle igen
undersøges af en særligt nedsat kommission.

Stiftamtmanden forklarede over for kommissionsmed-
lemmerne, at han havde været en velhavende mand, da
han i 1811 tiltrådte sit embede. Desværre havde den øko-
nomiske krise, inflationen samt det drastiske fald i jord- og
ejendomspriser ført til et så heftigt indhug i hans formue,
at han havde set sig nødsaget til at låne af de offentlige
kasser.

I 2015 lyder det allerede slemt nok. Vi er opdraget til,
at der er vandtætte skodder mellem statens økonomi og

de offentligt ansattes privatøkonomi. Men sådan var det ikke i 1811. Dengang havde embedsmænd som Koefoed faktisk lov til at låne af kassen – så længe de blot kunne tilbagebetale beløbet, når regnskabet – med ujævne mellemrum vel at mærke – skulle revideres.

Den praksis viste sig blot at være svær for embedsmændene at administrere, særligt i årene med økonomisk krise. Under sagens forløb skrev Koefoed gentagne gange til kongen i forsøget på at forklare sin sag, men lige meget hjalp det. Han blev dømt til at miste sit embede samt til at tilbagebetale beløbet. Det kunne han ikke. Sagen blev derfor indstævnet for Højesteret, men Koefoed døde, inden sagen nåede så langt.

BIRCHS BEDRAGERIER

En af danmarkshistoriens største bedragerisager fandt også sted i denne periode. Og en højtplaceret embedsmand, der var godt på vej til at blive landets finansminister, spillede hovedrollen.

Christian Birch havde som finanssekretær ansvaret for udstedelse af landets statsobligationer. I 1802 havde han i al hemmelighed reserveret en pulje obligationer til sig selv, som han pantsatte og inkasserede renterne for. Det var en svimlende sum penge, han tjente. Over en million rigsbankdaler. Eller hvad der svarede til cirka 660 gange hans egen årlige gage.

Vi kan så spekulere over, hvad Birch mon brugte alle pengene på. Hvis han havde brugt dem på en overdådig husholdning, var han måske blevet opdaget tidligere. Men

Birch var ludoman og havde spillet rub og stub op i statens lotteri. Under retssagen undskyldte Birch sig derfor med, at hans 'lån' af offentlige midler jo var kommet direkte tilbage til statskassen. Derfor burde dommerne ikke betragte hans handling som en strafbar forbrydelse. Den fortolkning var domstolene og kongen dog ikke enige i.

I sit forsvar forklarede Birch, at hele miseren var begyndt, da Christiansborg Slot nedbrændte den 26. februar 1794. Birch var da forlovet med sin kommende kone Frederikke Louise Rottbøll, og brylluppet var planlagt til samme forår. Frøken Rottbøll arbejdede som lektrice, dvs. oplæser, hos enkedronning Juliane Marie og boede på et værelse på slottet. Det forlovede par havde indkøbt en stor del af deres kommende bohave, som de opbevarede på loftet samme sted.

Da slottet brændte, mistede de alt. Deres værdier, møbler og fine tøj. For at gennemføre brylluppet måtte Birch derfor optage et lån på tusind rigsdaler.

Samme år havde Birch fået til opgave at arbejde med lotteriet, som staten i 1774 havde overtaget fra Det Københavnske Klasselotteri. Overskuddet herfra gik til fattigvæsnet og statskassen. Birch havde derfor et stort kendskab til statens tallotto og sandsynlighedsregning og kunne spille på tal, der ikke var udtrukket gennem længere tid.

Desværre fik Birch hurtigt problemer med at betale afdragene på lånet og begyndte at spille i lotteriet i håbet om en gevinst så stor, at han med et pennestrøg ville kunne slette sin tyngende gæld. Men i december 1802 havde han ikke tilstrækkeligt med kontanter til at følge sin plan. Derfor 'lånte' han for første gang en statsobligation. De næste 18 år eskalerede hans 'lån' mere og mere, indtil han blev opdaget.

Det var en forfærdelig prekær og yderst pinlig afsløring. Både for Birchs velansete familie og ikke mindst for Frederik 6. Birch var jo en af kongens betroede medarbejdere. Birchs egen bror var biskop i Aarhus, hans svigerfar havde været biskop i Viborg, og hans svoger var advokat i Højesteret. Det var lidt af en skandale.

Både Birch og hans kone bad om nåde hos kongen. I et bønskrift til Frederik 6., som i dag findes på Rigsarkivet, prøver Frederikke Louise Birch at appellere til majestætens "menneskekærlige Hierte". Hun håbede, at kongen – som en enevældig konge kan – selv ville afgøre sagen frem for at lade den behandle ved de mere regelrette domstole. Birch selv satte sin lid til, at kongen ville tage hans øvrige tjeneste gennem 38 år i betragtning og i egen høje person fælde en dom over ham uden om det ordinære retsvæsen.

I sin bøn til kongen, som vi også kan dykke ned i på Rigsarkivet, fremhæver han, hvordan den periode, han havde arbejdet for kongen, havde været "den vanskeligste og besværligste, der nogensinde har eksisteret i Danmarks FinantsVæsen". Derfor – mente Birch – svarede hans indsats til mindst 50 års almindelig tjeneste for en embedsmand.

Birch havde blandt andet været en af den lille håndfuld embedsmænd, der havde udarbejdet den finansreform, som vi i nutiden kender som statsbankerotten i 1813. Fra den ene dag til den anden fjernede Birch og co. det tidligere pengesystem med rigsdaler og indførte i stedet rigsbankdaler som hele monarkiets valuta. Hans tidligere bedrifter hjalp dog ikke. Der blev ikke set gennem fingre med underslæb og bedragerier selv blandt landets øverste embedsmænd.

TAK TIL KONGEN

I begyndelsen af 1800-tallet var Danmark fortsat et enevældigt monarki, men på dette tidpunkt sad den danske konge Frederik 6. ikke for sikkert i sadlen som enevældig monark.

Landet var til rotterne. Ikke bare på grund af statsbankerotten og krisen i landbruget. Men nok så meget på grund af det enorme territorielle og ressourcemæssige tab, den danske stat led, da den måtte afstå Norge i 1814 som straf for at have støttet Frankrig i Napoleonskrigene. Det var hårde tider for både befolkning og konge.

Efter Den Franske Revolution i 1789, hvor Ludvig 16. mistede hovedet i guillotinen, var en del af den danske befolkning opsat på, at man også skulle tage et opgør med den enevældige konge hertillands. Faren for en revolution lurede bestemt i Danmark. – Selvom vi i dag er stolte over, at overgangen fra enevælde til et spirende demokrati i 1849 foregik stille og roligt. Det er dog lidt af en myte, for samtidig var der fuld gang i en blodig og bitter borgerkrig i hertugdømmerne Slesvig-Holsten.

Kongen havde det direkte ansvar for embedsmændene, og en kritik af en korrupt forvaltning var indirekte en kritik af kongen. Og eftersom kongen jo sad på tronen af

Guds nåde, skulle han – og altså dermed også hans tjenere – i teorien være ufejlbarlig. Kongen og hans nærmeste rådgivere var derfor nødt til at handle resolut for at sikre monarkens position og styrets legitimitet.

Overordnet set lykkedes manøvren. Frederik 6. forblev på tronen til sin død i 1839, og den enevældige styreform bestod formelt frem til den 5. juni 1849, da Frederik 7. underskrev grundloven, der gjorde Danmark til et konstitutionelt monarki. Men allerede fra slutningen af 1700-tallet sørgede kongen og hans nærmeste for, at der i nogen grad blev taget hensyn til befolkningens holdninger og ønsker. For eksempel blev der indført landboreformer, som forbedrede de næsten slavelignende forhold for fæstebønderne, der var underlagt en godsejer. Perioden omtaler vi historikere derfor ofte som en slags opinionsstyret enevælde.

De korrupte embedsmænd underminerede dermed ikke befolkningens grundlæggende tillid til kongen og staten. Misdæderne blev jo stillet til regnskab for deres handlinger, og der blev indført flere og flere kontrolforanstaltninger.

Fra 1840 blev embedsmændenes mulighed for at låne af de offentlige midler, de administrerede, fjernet. En ny straffelov fra samme år bidrog både til at præcisere, hvordan embedsmændene skulle forvalte statens ejendom, og hvordan borgerne skulle behandles. Sidst, men ikke mindst blev deres lønninger og pensioner forbedret. Det tiltag har formentlig givet en del embedsmænd lidt mindre lange fingre.

Samlet set faldt antallet af korruptionssager fra slutningen af 1820'erne jævnt frem til 1860. Siden er det forblevet på et lavt og nogenlunde stabilt niveau med cirka en håndfuld sager om året.

Sat på spidsen vil det sige, at korruptionen i den danske forvaltning blev bragt ned på et lavt niveau allerede for 150 år siden. Sjovt nok kan vi ligestillingsdanskere anno det 21. århundrede altså takke fortidens enevældige regenter for, at vi i dag lever i et samfund, der ikke tilgodeser særinteresser og slægtsbånd.

Når jeg og andre historikere har gennemgået alle disse korruptionssager mellem 1810 og 1830, er der en forandring, der står tydeligt frem. Embedsmændene er stort set alle blevet straffet for kassemangel. Ikke for bestikkelse. Sådan som det ellers ofte var tilfældet i 1700-tallet med for eksempel Rostgaard.

Da historie ikke er en eksakt videnskab, kan vi kun spekulere og komme med mere eller mindre sandsynlige forklaringer på den markante forskel. Men meget tyder på, at de enevældige kongers skærpede krav til deres loyale tjenere har virket efter hensigten.

VEJEN TIL DANMARK

Det lave korruptionsniveau fra midten af 1800-tallet betød, at man meget bedre kunne indkræve skatter. De gav den danske stat et sikkert økonomisk fundament og muliggjorde finansieringen af en begyndende velfærdsstat. Der blev taget hånd om ældre, fattige og syge.

Denne indsats for at minimere korruptionen skete

nogenlunde samtidig med, at det danske folkestyre kom
på benene i årene op til 1849. Dette parløb mellem be-
kæmpelse af korruption og en ny flok idealistiske politi-
keres indtog på Christiansborg har sandsynligvis haft stor
betydning for, at korruption aldrig for alvor er blevet et
stort problem i Danmarks politiske system i modsætning
til Italiens. Kontrasten mellem de to landes politikere er
slående. Det overrasker næppe mange – hverken danskere
eller italienere – at høre om, at italienske politikere har
relationer til mafiaen eller har modtaget bestikkelse fra
italienske forretningsmænd.

De politikere, der blev valgt til det første danske Lands-
og Folketing i 1849, var næsten alle sammen tidligere
embedsmænd. De havde fået indarbejdet en ukorrupt
embedskultur på rygraden. Netop den kultur i forvaltnin-
gen, der siden er styrket med tjenestemandsloven i 1919,
en veludviklet retsstat, Rigsrevisionen og ombudsmanden,
der kontrollerer statens regnskaber og de offentlige myn-
digheder, nyder landet fortsat god gavn af.

Det er sådanne solide retslige institutioner, der enty-
digt håndhæver lovgivningen, som vi kan pege på, når
samfundsforskere og økonomer fra for eksempel Verdens-
banken spørger, hvordan Danmark blev til Danmark. Men
er det så en model, der kan kopieres af andre lande, når de
skal bekæmpe det så fordærvende fænomen?

At gøre præcis som Danmark kan næppe anbefales.
Det hjælper formentlig ikke på et lands korruption at
sætte en enevældig konge i spidsen af landet. Der er heller
ikke nogen grund til at fremprovokere en galoperende

inflation, som underminerer borgernes lønninger, ej heller at opsøge to gange altødelæggende bombardementer af hovedstaden, som lord Nelson og co. udsatte København for. Og selvom det engang imellem kunne virke som en god ide, behøver de lande, der gerne vil gå i Danmarks fodspor, heller ikke at udkæmpe den ene krig efter den anden med Sverige. Sådan som Danmark gjorde fra midten af 1500-tallet og et par århundreder frem.

Konger, økonomiske kriser, ødelagte byer og krige er sjældent med til at mindske korruptionen i et land. Alligevel er det disse selvsamme begivenheder, der har gjort Danmark til et af de mindst korrupte lande. Umiddelbart lidt af et mysterium. For ikke at sige en noget trøstesløs diagnose, hvis det er den eneste vej til et næsten korruptionsfrit samfund.

Men formentlig er der andre muligheder end at gennemleve de sidste par hundrede års blodig og kaotisk danmarkshistorie. Det håber i hvert fald forskere, politikere og ikke mindst alle de mennesker, der dagligt lider under korruptionens ødelæggende indflydelse. Måske eksisterer der en overhalingsbane til et næsten korruptionsfrit samfund?

Nogen nem universalløsning findes der dog nok ikke. Vi har langtfra knækket koden og kan ikke bryde ud i vild jubel. Alligevel kunne en del af de tiltag, vi nu har lært at kende fra danmarkshistorien, være en del af løsningen.

Først og fremmest har den politiske vilje til at slå hårdt ned på korruption uanset personens anseelse, magt og status været afgørende. Ikke bare fordi Birch og andre havde forbrudt sig mod loven om god embedsførelse, men fordi det var nødvendigt for de danske kongers legitimitet. Hvis ikke de almindelige borgere følte, at loven som retfærdighedens gudinde i romersk mytologi, Justitia, var blind og gjaldt for alle, ville de højst sandsynligt rette deres vrede mod kongen selv.

Hvis først den politiske vilje er til stede, vil det også blive nemmere at rekruttere embedsmænd ud fra deres evner og ikke deres slægtskab og indføre et adfærdskodeks under straffeansvar. Vigtigheden af befolkningens evne til at læse og skrive kan selvfølgelig heller ikke undervurderes. Borgerne skal ikke bare kunne forstå landets love, men også kunne meddele, når de oplever, at de bliver brudt.

Max Weber udtænkte i begyndelsen af 1900-tallet en idealtype for et rationelt og effektivt bureaukrati. Naturligvis uden korruption. Weber fremhæver blandt andet, at embedsmændene skal indgå i et klart hierarki, at det skal være utvetydigt, hvilke embedsmænd der må gøre hvad og hvornår, hvilke kvalifikationer de skal leve op til, hvordan de skal aflønnes, og at de ikke må blande deres private økonomi med statens husholdning. – Alle sammen tiltag, der mere eller mindre blev ophævet til lov i Danmark i perioden mellem 1660 og 1860.

FJENDE NUMMER ET

INGEN VEJ UDEN VILJE

Men hvordan er situationen i for eksempel Indien, Marokko og Ukraine, hvor korrupte regimer og embedsmænd er normaltilstanden? Til trods for at korruption disse steder er lige så forbudt som i Danmark, er virkeligheden en helt anden. Og det er svært at se en løsning. For hvordan kommer vi korruption til livs, hvis de politikere, der styrer landet, er selve problemet? – Hvis dem, der har magten til at bekæmpe korruption, selv er korrupte? Svaret er nedslående: Der er sikkert ikke så meget at gøre.

Muligvis kan en række af de større internationale organisationer, der de seneste årtier har bekæmpet korruption mere og mere intensivt, lægge pres på landenes regeringer. FN har eksempelvis i år 2003 vedtaget en konvention til at bekæmpe korruption. Ideen er at få gjort korruption strafbart, sikre, at alle involverede parter rent faktisk bliver retsforfulgt, og ikke mindst beskytte de vidner, eksperter og ofre, der undsiger korruptionens bagmænd. Desværre mangler en lang række medlemslande at tilslutte sig konventionen. Og så hjælper selv de bedste tiltag ikke meget.

Verdensbanken og Den Internationale Valutafond, IMF, har en officiel nultolerance-politik over for korruption og forsøger med en streng regnskabskontrol at påvirke de lande, som de arbejder sammen med. Præsidenten for Verdensbanken betegnede i 2013 endda korruption som *"Public Enemy No. 1"*.

EU forsøger også at gøre sin vilje gældende i kampen. I Bruxelles er der endda oprettet et større kontor alene dedikeret til at spore og bekæmpe fænomenet. Og i 1999 etablerede Europarådet organisationen GRECO til at varetage anti-korruptionsbestræbelserne i rådets 49 medlemslande. Effekten af tiltagene er selvfølgelig meget svær at måle. Men vi kan konkludere, at der stadig er masser af korruption i både Europa og resten af verden.

Måske vil et større arbejde med at informere befolkningerne om korruptionens ekstremt skadelige konsekvenser på længere sigt kunne bidrage til at vende udviklingen. Hvis der var en større bevidsthed om, hvor skadeligt fænomenet korruption er, ville det muligvis afgøre, hvor almindelige borgere ville sætte deres kryds ved næste parlamentsvalg. Den næste udfordring er så, at der i mange lande bliver svindlet med valgresultaterne. Og hvad skal befolkningerne i diktaturstater, hvor der slet ikke bliver afholdt valg, gøre?

"Kæmpe for demokrati og menneskerettigheder", kunne vi kækt svare. Men i virkeligheden er det ikke den demokratiske styreform, der løfter et land helt væk fra korruptionen. Det har en positiv effekt et stykke ad vejen, men er langtfra det eneste svar.

FORÅR I LUFTEN

I december 2010 satte et dramatisk dødsfald gang i en bølge af protester mod korruption. Den 26-årige tuneser Mohammed Bouazizi stak ild til sig selv i afmagt og dyb frustration over myndighedernes notoriske magtmisbrug. Det korrumperede politi havde kort forinden konfiskeret al den frugt, som Bouazizi skulle leve af at sælge på markedet. En klage over politiets metoder ville være omsonst og formentlig kun forværre situationen for den unge mand.

Den tunesiske præsident Ben Ali havde gennem sine 23 år på posten fået etableret et stærkt korrupt regime. Så godt som alting foregik på uærlig vis. Præsidentens store familie ejede eksempelvis lidt over 20 % af virksomhederne i landets private sektor. De var blevet tildelt monopoler på salg af bestemte bilmærker og ejede en god del af både radio- og tv-stationerne i landet. Al lovgivning blev systematisk udformet i de familieejede virksomheders favør.

Bouazizis dødsfald blev startskuddet til Det Arabiske Forår. Tusindvis af tunesere gik på gaden og protesterede over regimets magtmisbrug og korruption. Protesterne spredtes som ringe i vandet til Egypten, Libyen, Bahrain, Syrien, Marokko, Saudi-Arabien, Algeriet og Kuwait. Befolkningerne ønskede retfærdighed og lighed for loven uanset forbindelser eller efternavn.

Vreden og frustrationen over det, der må synes som en håbløs og fortvivlet situation med ineffektive statslige regimer, mangel på demokratisk medindflydelse, fattigdom og høj arbejdsløshed, var stor og dybtfølt. Kontrasten til den lille overklasses liv i overdådig luksus var slående.

Hvis de mange milliarder kroner, der på grund af korruption hvert år forsvinder fra de officielle økonomier, i stedet var blevet brugt til rent drikkevand, på hospitaler, uddannelse, infrastruktur og så videre, så hverdagen for en god del af verdens befolkning en hel del anderledes ud.

Forskere har for nylig opgjort, at korruption på verdensplan har intet mindre end 3,6 millioner menneskeliv på samvittigheden. For de svimlende beløb som statskasserne i en række af verdens fattigste lande gennem korruption drænes for, kunne der betales for indkøb af 165 millioner vacciner mod mæslinger, stivkrampe, tuberkulose og polio og skaffes medicin til 11 millioner hiv- og aidspatienter. Derudover løn til en halv million lærere på skoler samt uddannelse til ti millioner børn.

Men for den enkelte embedsmand eller politiker har selve vejen til det offentlige embede, der giver adgang til berigelsen af sig selv, ikke sjældent været brolagt med et væld af lyssky metoder. Politikerne køber stemmer for enten penge eller løfter om forskellige modydelser, og administrative embeder bliver tilbudt venner eller sælges på forhånd til højestbydende. Det medfører udgifter undervejs, der så igen skal dækkes ind, når politikeren sidder i embedet og har opnået en magtposition, der kan udnyttes til personlig vinding.

Den onde cirkel bliver næsten umulig at bryde, for ingen vil have en personlig økonomisk interesse i at gå forrest i kampen. De massive folkelige protester over de dysfunktionelle og dybt korrumperede statslige ledere i forbindelse med Det Arabiske Forår tændte dog et håb om bedre tider forude. Desværre er det alligevel nok ikke mere end et spinkelt håb.

Den seneste forskning peger på, hvor svært det er at bryde den onde korruptionslogik. At det er en endeløs kamp, er dog ikke en gyldig grund til ikke at indlede kampen overhovedet. Selvom der stadig er kaos i Mellemøsten, kan vi godt tillade os at tro på, at Det Arabiske Forår blev en brat opvågning i det mindste for en del af magteliten i såvel Mellemøsten som Nordafrika og Asien. Meget tyder på, at befolkningerne har fået nok. Men om deres vrede og frustration så er *nok* til at få bugt med korruptionen, er straks mere tvivlsomt.

FOLKETS PROTEST

Gadekampe mellem politi og demonstranter, ugelange belejringer af pladser og gader. Det lyder som endnu en scene fra kampene i Cairo eller Tunis under Det Arabiske Forår. Men faktisk foregik det midt i den vestlige verdens finansielle centrum, Wall Street i New York. I sensommeren 2011, da Occupy Wall Street-bevægelsen opstod.

De seneste års verdensomspændende finanskrise synliggjorde også i USA de mange lyssky og korrupte metoder, som blev anvendt i den private og offentlige sektor, magtmisbrug og en ekstrem grådighed i finansverdenen. Det kom også frem, hvordan virksomhedsejere og politikere havde konspireret for at sikre egne privatøkonomiske interesser på bekostning af resten af samfundet.

Occupy Wall Street spidsformulerede kritikken af den ekstreme sociale og økonomiske ulighed, som både de amerikanske politikere og erhvervslivets fordækte metoder igennem årtier havde været med til at skabe. Resultatet er, at cirka 1 % af den amerikanske befolkning modtager omkring 25 % af indkomsterne – og i øvrigt ejer omkring 40 % af landets samlede formuer. Det er en ulighed, der er voldsomt skæv sammenlignet med eksempelvis de skandinaviske lande.

Den finansielle sektor har i en række tilfælde brugt enorme summer til at købe sig til indflydelse hos politikere – enten direkte, gennem lobbyister eller tænketanke. Det har ført til politiske beslutninger, der ikke har været hverken upartiske eller gennemsigtige.

Den amerikanske olie- og byggevirksomhed Halliburton blev i 2001 udpeget som leverandør af brændstof til de amerikanske styrker i Irak. Det skete, uden at andre firmaer havde fået mulighed for at byde på opgaven. Bagefter viste det sig, at Halliburton havde taget en overpris på over 90 %. Der var jo ikke andre tilbud at konkurrere med, så firmaet kunne lige så godt tage sig så godt betalt som muligt, må tankegangen have været.

På samme vis fik Halliburton til opgave at genopbygge en del af den irakiske infrastruktur – broer, veje og olieraffinaderier for cirka otte milliarder dollars. Det er ikke sikkert, at den ordre var kommet i hus, hvis ikke Halliburton i præsidentvalgkampen i år 2000 havde doneret millioner af dollars til republikaneren George W. Bushs kampagne. Dengang hed Halliburtons direktør i øvrigt Dick Cheney.

Lidt senere samme år blev han valgt som Bushs vicepræsident. Umiddelbart ikke et særlig kønt forløb, som heller ikke ligefrem bestyrker troen på, at der er vandtætte skodder mellem private firmaers interesser og statens.

ADVARSELS-
LAMPERNE
BLINKER

NOGET RÅDDENT I DANMARKS RIGE

Den 8. september 1908 trådte en velklædt herre ind på Københavns Domhus. Han havde et lille overskæg og bar pincenez, de der små briller, der sidder fast på næseryggen i stedet for på ørerne. Det var den daværende justitsminister og venstrepolitiker P.A. Alberti. Han erklærede over for den vagthavende betjent, at han var kommet for at melde sig selv for bedrageri.

Som formand for landets næststørste pengeinstitut Den Sjællandske Bondestands Sparekasse havde Alberti gennem en årrække svindlet for intet mindre end 16 millioner kroner ved salg af obligationer. Eller intet mindre end 20 % af den danske stats årlige indtægter i 1908. Det enorme beløb havde han anvendt til at finansiere sine fejlslagne spekulationer i aktier fra en guldmine i Sydafrika.

Alberti havde desuden brugt beløbene til at dække et underskud i landets største eksportvirksomhed for smør, hvor han selv var formand. I forsøget på at sikre sin popularitet hos vælgerne betalte han mere for smørret hos de sjællandske bønder, end det kunne sælges for i England.

Den tidligere justitsminister blev i november 1910 idømt otte års tugthusfængsel for sine forbrydelser.

Der er også den såkaldte Edderkoppesag fra slutningen af 1940'erne. Mange kender den fra Hans Scherfigs roman *Skorpionen*, der udkom i 1953, eller fra DR's miniserie *Edderkoppen* fra 2000. Bagmændene i sagen var møbelhandler Johannes Linde og bilforhandler Svend Aage Hasselstrøm. Sidstnævnte var venner med en del af betjentene fra Københavns Politi. Dem bestak han til at se igennem fingre med sin ulovlige handel med rationeringsmærker, cigaretter, bildæk, alkohol og smykker.

De mange restriktioner på nærmest alle varer under besættelsen skabte et kæmpe sort marked, som Hasselstrøm og Linde forstod at udnytte. Og de fik spundet et endnu mere vidt forgrenet net, da politiet blev opløst af nazisterne i september 1944. Af de i alt mere end fem tusind personer, der under opklaringen blev afhørt og eventuelt arresteret og straffet, var en række politibetjente. Den mest prominente var lederen af Rigspolitichefens Kriminaltekniske Afdeling. Han begik selvmord med sin tjenestepistol. Edderkopperne – Hasselstrøm og Linde – fik seks og fire års fængsel.

Vi må heller ikke glemme sagen mod borgmester i Aalborg Marius Andersen: Han blev i 1982 idømt seks måneders ubetinget fængsel for at have modtaget bestikkelse fra flere af byens store entreprenører. De fik tildelt betydelige opgaver for Aalborg Kommune. Mens borgmesteren til gengæld fik renoveret et badeværelse i sin private bolig.

Den såkaldte Farumsag indskriver sig også i dansk retshistorie blandt de helt store korruptionssager. Den tidligere skatteminister og borgmester i Farum Peter Brixtofte havde påført kommunen betydelige tab ved forskellige ulovlige låneaftaler og ved at misbruge sin repræsentationskonto til alt for mange fine rødvinsflasker.

Brixtofte blev desuden dømt i den såkaldte Sponsorsag, da det kom frem, at kommunens mange nye sportsanlæg var finansieret gennem hemmelige sponsorkontrakter. De virksomheder, der stod for byggerierne, forpligtede sig til at støtte byens sportsklubber. Til gengæld accepterede Brixtofte, at de kunne beregne en gedigen overpris for sportsanlæggene. Brixtofte blev i 2006 og 2007 idømt fire års fængsel i de to sager. Desuden skulle han betale en større erstatning på over syv millioner kroner til Farum Kommune.

MED BENDT PÅ DE EVIGE JAGTMARKER

Korruption er altså overalt. Det er ikke bare et fænomen, der engang eksisterede i den danske fortid eller nu kun findes uden for landets grænser. Det viser de fire historier fordelt ud over det seneste århundrede.

Blandt de mest magtfulde mennesker vil vi formentlig altid kunne finde korruption. Med sin formulering om, at magt korrumperer, er Lord Acton desværre ikke helt galt på den. I de seneste år har for eksempel danske folketingspolitikere og ministre været involveret i en række sager, der – hvis de ikke er udtryk for korruption – bestemt er i et grænsefelt. Den tidligere konservative økonomi- og erhvervsminister Bendt Bendtsen har fået jagt- og golfture betalt af blandt andet Danfoss og Danisco. Det fik han vist ikke, dengang han var kriminalassistent i Odense.

Venstremanden og nuværende erhvervs- og vækstminister Troels Lund Poulsen modtog i 2010 et Rolex-ur til næsten 70.000 kroner fra en oliesheik i Qatar. Det måtte han så aflevere igen, da ombudsmanden gik ind i sagen. Og så er der selvfølgelig landets nuværende statsminister, Lars Løkke Rasmussen. Hvad han dog ikke har været rodet ud i af bilagsrod, betalte rejser og underbukser, hotelophold under dæknavn og diskoteks- og kasinobesøg betalt af skatteyderne.

Så til trods for den lange hurra-fortælling om Danmarks fine placering som verdens mindst korrupte land er den hellige grav bestemt ikke vel forvaret. Meget tyder på, at nye værdier så småt er ved at brede sig. Det er sket i takt med en øget udlicitering af offentlige opgaver til private selskaber, privatisering af offentlige virksomheder som salget energiselskabet Dong til den amerikanske investeringsbank Goldman Sachs, uigennemskuelige offentlig-private samarbejder og individuelle bonusordninger for offentligt ansatte.

Denne øgede styring af offentlige institutioner på almindelige markedsvilkår udvisker det skarpe skel mellem statslige og private organisationer, der har været holdt i hævd i den danske forvaltning siden midten af 1800-tallet. Det er en glidebane. For pludselig er prioriteten ikke nødvendigvis længere borgernes bedste, men et større overskud eller en større lønseddel. Samtidig kan emsige journalister og borgere heller ikke stille samme krav om gennemsigtighed i private virksomheders beslutningsprocesser.

Det giver et uhensigtsmæssigt spillerum for magtfuldkomne politikere og dermed korruption. Meget tyder på, at embedsmændenes dybe faglighed og ærbødige respekt for lovens bogstav, som de enevældige konger møjsommeligt byggede op gennem århundreder, er under pres.

Der er altså opstået revner og sprækker i det gode gamle embedsværk, og den traditionelle rolle som lovens vogter bliver hele tiden udfordret og ændret af politikere og spindoktorer, der vil fremvise hurtige resultater. Den stærke embedskultur og -moral, der efter alt at dømme har spillet en afgørende rolle i Danmarks kamp mod korruption de seneste århundreder, svækkes mere og mere. Vi risikerer, at Danmark ikke længere vil være drømmedestinationen for resten af verdens lande. Advarselslamperne blinker allerede.